A Selection of Poems

by

'Poetry Peter' Smith

the

Fisherman Poet

of

Cellardyke

Compiled by

James K. Corstorphine

ISBN: 9798644727827

Original paperback published in 2000

Revised and adapted for electronic publication in 2016

Second paperback edition published May 2020

By the same author:

East of Thornton Junction: the Story of the FifeCoast Line
ISBN: 9781976909283

Wrecked on Fife's Rocky Shores: Dramatic Tales of Nineteenth Century Shipwreck from around the Coast of Fife
ISBN: 9798759568513

On That Windswept Plain: the First One Hundred Years of East Fife Football Club
ISBN: 9781976888618

Black and Gold and Blue: The East Fife men who pulled on the Scotland jersey
ISBN: 9798817263855

The Earliest Fife Football Clubs
ISBN: 9781980249580

Our Boys and the Wise Men: The Origins of Dundee Football Club
ISBN: 9798643521549

All of the above titles are available in both paperback and Kindle eBook format from www.amazon.co.uk

Published By:

Wast-By Books
26 Friday Walk
Lower Largo
Fife
KY8 6FB

Peter Smith, from the front cover of The Herrin', published by C.S. Russell in 1951

This book is dedicated to Dykers past, Dykers present and to those future generations of Dykers who have yet to haul a creel, catch a codlin' or sail their boat ower 'The Pond'.

Nae mair I'll say aboot the race,
For gosh, I've neither time nor space,
But shud ye think it's no the case,
Flee, bus or hike
Tae yon auld farrant, auld world place
Named - Cellardyke

(from 'The Pond')

Contents

Dressed in his 'Sunday Best', Peter Smith checks how his yawl is lying at Anstruther's Middle Pier (Peter Smith Collection)

Introduction

Peter Smith was born in Cellardyke, Fife, Scotland, on 2nd July 1874, the youngest of a family of six. He first went to sea at the age of nine on the sailing fishing boat 'Ruby', an unforgettable experience which is recalled in his poem 'Tae Jeems'. Peter, like generations of his family before him, spent almost all his working life at sea; firstly in 'Fifie' sailing boats, then in Steam Drifters, before acquiring his own small inshore craft in his later years from which he used creels to fish for lobsters and 'partans' or a hand-line to catch codling.

Throughout his life, 'Poetry Peter', as he became affectionately known throughout the east of Fife, recited his poetry to appreciative audiences in fishing communities throughout the country; from the Shetland Islands in the north to Great Yarmouth in the south. A deeply religious man, a quality which is reflected in much of his work, Peter would also preach sermons in many of the fishing ports he visited. Peter's poetry paints a vivid picture of fisher life as it was in Scotland during the late Nineteenth Century and the early Twentieth Century. The importance of preserving the poetry of Peter Smith cannot be over emphasised and I am deeply grateful to the Poet's son, Peter Smith, for granting permission for his father's work to be published in the form of this book. Peter Smith's poems, which are written mainly in 'Auld Scotland's Tongue', simply must be preserved for the sake of future generations.

Peter Smith fishing from the deck of a boat using a hand-line

Some Notes about the Poems

The first poem in this book is **Frae Peter**, a short introductory poem which portrays the poet's character and emphasises the importance of preserving 'Auld Scotland's Tongue'. Keeping the Scottish language and dialect alive, including the regional variations found in the East Neuk of Fife, is one of the main reasons behind the publication of this book.

'Frae Peter' is followed by **The Herrin'**, written in 1937 when the winter herring fishing was at its height and considered by many to be Peter Smith's finest work. The poem begins with the fishing fleet departing from AnstrutherHarbour at dusk and describes the various types of fishing vessel used for catching herring. The crowd assembled on the pier exchange jokes with the departing crews and offer advice on where and where not to try their luck. One spectator advises not to try 'The Hirst', an area between the MayIsland and Crail which is a good deal shallower than the surrounding area but was where the herring congregated to spawn. Fishing at the Hirst was considered a risky business at certain states of the tide as the nets could catch on the sea bed and be lost. Nevertheless, it was a risk most skippers were willing to make. The poem continues with a description of how herring played such an important part in everyone's lives at this time, when Anstruther was one of the main fishing centres on the east coast.

The version of **The Crew of the Yawl 'Day Dawn'** which was first published in *Fisher Folk* in 1953 is not the same version as seen here. The poem paints vivid pen pictures of the five crew members of a small inshore fishing boat and, so that the characters portrayed would not be offended, some of the names were changed in the 1953 version.

Peter Smith pictured with son Peter at the rear of their house in Cellardyke (Peter Smith Collection)

When I asked the poet's son, Peter Smith, if he had a copy of the original 'uncut' version, he replied that he didn't and to the best of his knowledge there wasn't a copy in existence! He said that he could probably recite the poem from memory, so I asked Peter if he could write the poem down and this he did. It is this version which is published in this book.

Peter also provided some background information regarding the crew. Eckie Reid, the helmsman of the 'Day Dawn' was old and fat so he got to steer the boat. He literally always had 'a drap at his nose'. Puggie Patch (real name James Watson) was the skipper, and legend has it that one day the 'Day Dawn' returned to harbour so full of herring that she was barely visible above the surface of the water. When Patchie climbed on to the pier and looked down on his boat and saw how little of her was still above the water he had to be taken to the Sun Tavern public house to be revived! Lachie (Laughing) Dauvit was so called because his father's nickname was 'Smiler' and it was he and Patchie who originally objected to the poem being published. Limminade (Lemonade) Tammy was so called because one of his occupations was selling lemonade from a barrow. He was one of the town's worthies and his jovial character inspired Peter Smith to write a poem about him which is also published in this book. The last crew member of the 'Day Dawn' was Peter Smith himself. He was referred to as 'The Labster King' as he had been quite successful with the lobster fishing at this time. The 'Scoots' referred to in the poem are guillemots which, when seen diving into the sea, are a sure sign that there is a shoal of herring in the vicinity.

The Fisher Folk was written between the First and Second World Wars and laments the conditions which the fishing communities of Fife had to endure at this time. We are reminded that fishermen have to put to sea in all kinds of weather and at all times of the year.

11

Tae Jeems takes the form of a letter written to an old friend of the poet who had emigrated to Canada. The poem gives the reader an invaluable insight into Cellardyke life as it was in the late Nineteenth Century. After reminiscing about life as it had been before 'Jeems' emigrated, the poem goes on to describe how, at the age of nine or ten, Peter Smith embarked on his first fishing trip aboard the sailing fishing boat 'Ruby'. After dropping anchor at the MayIsland, Peter describes how he and the crew indulged in a feast of meat and cake which resulted in a bout of sea sickness when the wind freshened and the sea became rough. Cellardyke's one time football team, the 'Bluejackets', also come in for a mention, with one player likened to the legendary Scottish international footballer Jimmy McGrory!

The poem concludes on a rather sentimental note, remembering mutual friends who had passed away, but at the same time giving the reassurance that death is not the end and that old acquaintances will be renewed in the 'Golden Street'.

The Rothesay Fleet was written whilst fishing in the Firth of Clyde, probably during the 1920's. The boat on which Peter was employed at this time would not have been one of the larger Steam Drifters, but a smaller motor boat which would have gained access to the west coast by way of the Forth and ClydeCanal. The larger Steam Drifters had to travel west by way of the Caledonian Canal and were therefore based at ports such as Stornoway, Mallaig or Oban for the duration of the West Coast Herring Fishing, which generally occupied the early months of the year. The poem begins with an impression of Rothesay on a pleasant summer day, before describing how at other times of the year the weather can be cold, wet and miserable.

Peter Smith making a creel at the rear of his house in Cellardyke (Peter Smith Collection)

Many of the East Neuk fishermen enjoyed fishing on the west coast however, as the surrounding hills and mountains made a pleasant change of scenery from that which they were accustomed to. The surrounding environment of a sea loch is vividly described in one verse, which Peter thinks more suited to poaching than catching herring!

The Crew of the Steam Drifter 'Golden Strand' is one of Peter's shorter poems which is similar in many respects to 'The Crew of the Yawl Day Dawn'. The poem was written before the First World War and describes the characters of the crew members of a Steam Drifter. Steam Drifters were fishing vessels of around 86 feet in length which usually had a crew of eight or nine. These boats could be away from their home port for months at a time when fishing from Yarmouth or Lowestoft. During this time the crew would have to live on board the vessel and share the same cramped living conditions, so it was inevitable that petty squabbles broke out from time to time, as is related here.

The Voyage o' Life was originally published in the form of a twelve page booklet after having been recited in April 1911 at the 'Auld Folks Social' in Cellardyke. A much shorter version subtitled 'Extracts' appeared in *'The Herrin' and Other Poems'* in 1951. The version which is printed here is not the original full length poem, but an extended form of the shortened version which was published in 1951. 'The Voyage o' Life' is largely taken up recalling stories which Peter's father related to him and, as in 'Tae Jeems', the poem gives the reader an invaluable insight into Cellardyke life in the Nineteenth Century.

There are one or two points worth mentioning about the poem. 'Crieffy' was Alexander Moncrieff who, being too frail to go to sea to earn a living, set up a school in an old loft where he did indeed 'turn out mony a clever chiel'. One of his former pupils was Sir Walter Watson Hughes, who founded the University of Adelaide and also became the richest man in Australia through his involvement with the copper mining industry. Another pupil was Captain Alexander Rodger, master and owner of several China Tea-Clippers including the 'Taeping', which took part in the famous race from China to London in 1866 against the Tea-Clipper 'Ariel', skippered by Anstruther man John Keay.

When war broke out in 1914, Peter, like many of his fellow fishermen, volunteered for active service. Most of the volunteers from the East Neuk of Fife joined the navy, where their seamanship proved to be of vital importance in the war effort. A large number of the local Steam Drifters were also requisitioned by the Admiralty and some were used during the evacuation of Gallipoli. As the poem **This Awfu' War** describes, however, Peter was not considered fit enough for active service and, as not all of the local fishing fleet went to war, he remained a fisherman for the duration of the hostilities. The poem is written mainly in the form of a prayer, asking God to keep a watchful eye over the soldiers and sailors caught up in the conflict.

The next poem, **The Fisherman**, was also written during the First World War. It describes how in times of peace the important role played by the fisherman is often overlooked outside the confines of his own close-knit environment. In times of war, however, the fisherman becomes transformed into a provider of food supplies vital to the war effort. The poem goes on to remind the reader that, like the men fighting for their country in far off lands, the life of the fisherman is often fraught with danger.

Peter Smith at Buckie was written to commemorate the re-opening of the Buckie Fisherman's Hall. During his fishing trips, Peter's poetry made him many acquaintances from fishing communities in other parts of the country and this is just one example of this friendship leading to an invitation to give a public recital.

The character of **Lemonade Tammy** has already been portrayed in the poem 'Day Dawn'. The personality of this local worthy, real name Thomas Tarvit, was such that Peter saw fit to write a poem dedicated especially to him. Lemonade Tammy was a well known and popular character in and around Cellardyke and Anstruther and, as well as being employed as a fisherman, he had at one time sold lemonade for a living which is how he got his nickname.

Hundreds of 'Dykers' will have fond memories of long, hot summer days spent at **The Pond**, as the open air bathing pool in Cellardyke was more commonly known. Cardinal Steps Bathing Pool, to give its proper name, was opened during the early 1930's and remained a popular attraction to both holidaymakers and locals until its eventual closure in the late 1970's. Many local youngsters would spend their entire school holidays within the confines of the pool and the play park which was located at its entrance.

Shortly after it opened, model yacht racing became a popular sport at 'The Pond' and eventually race meetings were held between the East Fife Model Sailing Club and clubs from Dundee, Perth and further afield. There was certainly no shortage of model sailing vessels in the local community as model boat making had long been a popular pastime amongst the local fishermen.

Peter Smith's poem captures the atmosphere of 'The Pond' and tells of the work and effort which the people of Cellardyke put into creating what was to become one of the East Neuk of Fife's greatest tourist attractions.

Sadly, when the District Council took over the running of the pool from Cellardyke Improvements Fund, maintenance of the pool was considered to be of secondary importance and it was allowed to fall into disrepair.

The poems **Christmas** and **Santa** are largely self explanatory. Both capture that special Christmas atmosphere which has existed for generations; the atmosphere which brought the local community together during the festive season for various social functions including children's Christmas parties. Both of these poems would have been recited at social gatherings in and around Cellardyke during the festive season.

Many of Peter Smith's poems were written especially for recital at the 'Old Folks' Teas' which were frequently held in CellardykeTown Hall. These poems tended to be rather long and drawn out affairs, containing material which was often written solely for the benefit of those in attendance at the recital, and many of these poems have been omitted from this collection due to their length. The final poem in the book, however, **Cellardyke Auld Folks Social or Tea**, is one exception and, although it runs to 33 verses, is a very interesting and entertaining piece. The poem contains numerous reminiscences and gives a vivid description of the dress and fashions worn by the inhabitants of Cellardyke in the latter part of the Nineteenth Century. Again, we are indebted to Peter Smith for giving us such a vivid insight into Cellardyke life as it was in days gone by.

'Fifies' laid up on the 'Toon's Green' at the eastern end of Cellardyke (Mr A. Corstorphine)

Cellardyke Harbour in the early Twentieth Century

Frae Peter

A wee bit screedie wi' the pen
Frae ane o' Scotia's fishermen,
Tae ye wha' live in toon or glen,
Cottage or ha':
Auld Scotland's tongue ye maunnie len,
Or let it fa'.

When wi' oor cronies we foregather,
Tae hae a crack wi' ane anither,
Words handed doon frae oor auld mither,
In sang or story,
Aye mak' us feel ilk ane a brither,
Genteel or orra.

Sae dinna let us glunch or gloom,
For fear oor tongue has got its doom,
Losh, if we like it aye will soom
Wi' lofty heid,
When ither tongues that on us froon,
Are long, long deid.

The fishing fleet wait to enter AnstrutherHarbour during the 1930's (Peter Smith Collection)

The Herrin'

(Written in 1937, when the Winter Herring Fishing was at its height)

The shades o' nicht were drappin' fast,
When oot o' AnsterHarbour passed
A fleet o' craft o' various sort,
A' keen to catch - but no' for sport -
The herrin'.

Cam' first a muckle steel steam drifter,
Twa wud anes followed at her quarter,
Then came the motors, auld and new,
Yet a' bent on the self-same view,
The herrin'.

Their bold initials did proclaim
Their port o' registry or hame,
Frae Berwickshire, north past the Spey,
FraeArgyllCoast, frae Ballantrae,
For herrin'.

Cam' hame boats frae the Firth o' Forth,
Baith frae the south side and the north;
While mony a Scottish town and creek
Sent their flotilla - a' tae seek
The herrin'.

The sicht was bonnie, without doot,
Tae see them as they a' sailed oot,
Alert and skilfu' was each man,
Eager the slightest sign tae scan -
O' herrin'.

On ilka pier that nicht there stood
A cheery, jovial, motley crood;
Jokes were exchanged frae pier tae boat;
But yet, wan word drooned a' the lot,
'Twas herrin'.

"Try not the 'Hirst'," the veteran cried
The skipper smiled - then lood replied,
"Your guid advice I hear, auld man,
Yet, there they congregate tae spawn,
The herrin'."

"And tho' baith time and tide are late
Doon there this nicht my nets I'll shate,
My wife and bairnies, big and wee,
And a' my crew depend on me,"
For herrin'.

The veteran saw them disappear,
Then daundered slowly up the pier,
A smile lit up his face and broo,
While jist ae word escaped his moo,
'Twas herrin'.

The noo wharever neibors meet
In hoosie, warkshop or the street,
By rich and puir, by auld and young,
That word the noo is on each tongue,
The herrin'.

'Tis heard in Jenny a'things shop,
In yon braw pailace ca'd the Co-op.,
Mentioned by banker, doctor, teacher,
Aye whiles it's muttered by the preacher -
Herrin'.

22

The laddies runnin' tae the schule
Are stampit wi' the herrin' scale,
The factory lassies aff the bus,
Salute ye in a whisper thus -
Herrin'.

Oor Provost tae, wi' zest and zeal,
Tries hard its secrets tae unveil,
Tho' ither things his time does crave,
Minds yon wee fishie wi' the lave,
The herrin'.

The sale ring minds us weel o' that,
Fish Trade, tae donors raise your hat;
This winter aft it's been a blessin'
While hangin' 'roon upon your mission,
The herrin'.

Oor Post Officials when a spate
For courtesy can ne'er be beat.
Oor M.P. tae, I'd like tae mention,
In Parliament has drawn attention,
Tae Herrin'.

Ilk mornin', near the chap o' nine,
The salesman's bell rings - toe the line -
While in a row, in scoop and pail
Stand samples, which denote a sale
O' herrin'.

And as the buyers gaither near,
The salesman's voice, baith lood and clear,
Rings oot - "Hoo much then for this shot,
A' full, nae spent - a pretty lot
O' herrin'."

What virtue then is in this cratur' -
Truly a credit tae its maker,
That noo and then attracts attention
Frae every class that I can mention,
The herrin'.

Nae titled lady e'er was seen,
Can e'er outshine its silvery sheen,
When loupin', squeakin' on the deck
It's beauties I did aft inspeck,
The herrin'.

Remove its bonnie silvery jacket
There lies the net for man tae tak' it,
Remove its jaws, and there we see
Peter's auld boat frae Galilee
On herrin'.

In yon auld book, 'twas Dauvit said
That man was wonderfully made:
He wouldna been a bittie wrang
Had he included in his sang,
The herrin'.

Like a'thing else, it has a sequel,
Nae cookit dish had e'er its equal.
It's gobbled by the dykeside tinker,
Relished by the greatest thinker -
The herrin'.

Eaten by great folk o' the State;
It's fund, tae, on the puir man's plate,
Whiles deckit up, wi' awfu' grandeur,
Whiles roastit on a common brander -
The herrin'.

Some folk complain aboot its banes,
(The sweetest grass is next the stanes),
Yet two three banes, losh, shuldna spill it,
They'll sell ye noo, the best o' fillet -
Herrin'.

We hae oor Boards, baith new and auld,
Wha' try its mysteries tae unfauld:
The gannet, scoot, the skart and maw,
Ken mair aboot it than us a',
The herrin'.

Yet while yon puny craitur, man,
May try his best, that's a' he can,
Nae screenger, drift net, or the ring
If it's no there - can ever bring
The herrin'.

While man may strive wi' micht and main
And meet success - time and again:
Tho' whiles it's easy for tae tak' it,
It's only God abune can mak' it -
The herrin'.

'A fleet o' craft o' various sort' - the Inner Harbour at Anstruther
during the height of the herring fishing industry
(ScottishFisheriesMuseum)

A busy scene at Anstruther's Middle Pier during the 1930's with
the Steam Drifter Pilot Star preparing to put to sea
(ScottishFisheriesMuseum)

The Crew of the Yawl 'Day Dawn'

*The Day Dawn berthed at the East Pier in Anstruther. This is
believed to be the only photograph of the boat in existence
(Peter Smith Collection)*

At the Day Dawn's helm stood Eckie Reid,
Wi' a drap at his nose like an amber bead.
No faur frae his side on the caybin hatch,
Sat the Skipper and driver, Puggie Patch,
While walkin' the deck wi' an easy swing,
Gae'd Poetry Peter, the 'Labster King'.
And wi' mittens as long as a laddies' grauvit,
Gae'd stap for stap wi'm, Lachie Dauvit,
And Limminade Tammy leaned ower the mast,
Coontin' the scoots as the yawl sailed past,
He shouts aft tae Patchie - "Man, shate awa',
Dae ye no see the scoots, ye 'Bidly Ba' ?"
Such is the crew o' the auld 'Day Dawn',
A worthier lot ye ne'er saw gaun,
You'll no find their marry,
search whaur ye like,
Through the Ansters, Kilrenny,
or a' Cellardyke.

The Refuge pictured with her crew at Stornoway whilst engaged at the west coast herring fishing. Two of the crew of the 'Day Dawn' are in the picture; Lemonade Tammy is standing directly in front of the mast, and Poetry Peter, 'The Labster King', is standing third from the left (Peter Smith Collection)

Fishermen had to travel far and wide in small open-decked sailing fishing boats before the advent of steam brought larger and more comfortable vessels (Peter Smith Collection)

The Fisher Folk
(Written between the First and Second World Wars)

The Fisher Folk this whiley back,
Hae gotten mony a clour and crack.
Their fleecy clouds hae a' turned black.
The silver lining
Has learnt, tae, the very knack,
And drappit shining.

I would'na say they are opprest,
At times their wants hae been redresst.
Yet, tho' some safely tap the crest
O' Fortune's Wave,
I doot a scanty puir lined nest
Fa's tae the lave.

Some hae fund life a weary trauchle,
A dreich, unchancy, cauldriff wauchle,
Had they nae help, as on they sprauchle,
Frae Him abune.
Waes me, they'd be like some auld bauchle,
Their leefu' lane.

Their lassies, couthy, denty kimmers,
Whiles interspersed wi' gawky limmers,
Yet bonnie boats micht hae ill timmers,
I've seen't mysel',
Why scoory days come in oor summers,
Jist God can tell.

The hefty chiels are no a' sancts,
They hiv their virtues and their wants,
Whaur ten steer straucht ane gallivants,
That's life a' thro'.
Yet, weel they ken, sly, sleekit cants
Are no the hue.

When Britain's back was at the wa',
They did their bit withoot a thraw,
Yet for sic things they've nae foreca',
And niver hanker.
"Peace," they jaloose, when life's gales blaw
Is Life's sure anchor.

The feck are dour as Heilan' cattle,
Weel seasoned wi' life's gey roch battle,
Deep scaured wi' mony a dunt and rattle
Frae Fortune's nieve?
Yet teugh as ony fresh cut wattle,
As long's they live.

When cauld winds blaw, and snaw shooers freeze,
And wild Nor' Easters cross cut seas
Coup them aboot jist as they please,
They hotch their shoothers.
Then tell ye bairns need meat and claes,
So dae their mithers.

The 'Fifie' Reliance berthed in AnstrutherHarbour. It was in a boat similar to this that Peter Smith first went to sea as a boy (Peter Smith Collection)

O' fisher life I've haen my share,
But shud its tide ebb ony mair,
The greedy rocks o' cankered care
Will tak' their toll,
And dicht the fisher boats and gear
Clean aff the roll.

Still, frae this mixter-maxter lot,
The sanctly chiel, or careless sot,
Valour loups oot, heroes are got.
Hoo dae I ken!
Because a' fishermen, I wot,
Are lifeboatmen.

Noo, ere my rhymie sails its tide,
I'd whisper in yer lug aside,
The fisher folkies ne'er deride.
I'll tell ye hoo,
When in oor Maister we confide,
We're a' ae oo'.

Then help them noo, a' ye wha can.
The Golden Rule says - "Play the Man."
On charity I clap a ban,
It winna dae.
Only, on yon auld Bible plan,
Which means - Fair Play.

Tae Jeems

'Cellardyke Bluejackets' football team, immortalised in the poem 'Tae Jeems', are pictured with the Martin White Cup in 1901 (Peter Smith Collection)

Man Jeems, I long hae hae'n a notion,
Tae write tae you, across the ocean,
Jist ony day that I had time
A line or twa, in hame-spun rhyme.
Noo, whether 'twill be short, or lang,
A sermon, or a comic sang,
And, whether it has faut or fyke,
It's sent tae you - frae Cellardyke.
Weel hoo' I found oot your address -
I sometimes hae a crack wi' Less.
That's "Leslie Broon", your son-in-law,
He lives, no very far awa',
Nae doot you'll ken, he's up the braes,
Sic changes, since yon bygone days,
And often Jeems, we get rale crackie,
But ere we pairt - I speir for "Blackie".

So, jist before he left for Sooth,
I spewed my thochts oot o' my mooth,
Says he, "That's jist the very dab,
Jist write in Pete, in oor ain gab",
And no tae land ye in a mess,
Wait, Pete. I'll gie ye his address.
Noo Jeems, I'll gie ye, Hotch Potch News,
Then finish up wi' please excuse,
But, jist as sure as I was born,
I'll mak a spune or spill a horn.
So, wi' mysel' I'll then begin,
Jist what I aye was - lang and thin.
And fegs, I needna tell a lee,
When July comes - I'm sixty-three,
Weel tanned and grey - nae extra beauty,
Yet, thank the Lord, aye fit for duty.
Drifters and Yarmouth, I hae drappit,
A smaller craft I noo hae chappit,
A yawl I mean o' eighteen feet,
Wi' fifty creels, that's a' ma fleet.
Nae land owners, nae heavy dues,
Nae coal bills, and nae do's do's do's.
A sprewl, a lead, a guid hand line,
The "May" - jist ony day it's fine.
Of coorse, on thae cauld wintry days,
She's high and dry upon the braes,
This really has been a bad year,
The weather has behaved rale queer,
The labsters tae, hae behaved queerer,
The very time they aye get dearer,
They jist cleared oot, fair took their hop,
Which plainly said, "Pete, you maun stop".
So, a' my creels are stowed up - dry,
'Till a' the wintry gales blaw bye.

'Fifty creels, that's a' ma fleet' - Peter Smith replaces the net on one of his creels at Anstruther's East Pier (Peter Smith Collection)

I had a job the ither year,
A salesman's "runner" on the pier,
Nae cauld coorse nichts had I tae staund,
Eleven weeks - losh Jeems, 'twas grand,
Nae towslin' gales - o' wind and rain,
I only wish he comes again.
Last winter, tho' tae you it's queer,
Aught salesmen sell't on Anster pier,
Aifter New Year, the place gets steerie,
Crafts, piers and harbour - tapalsteerie,
Models o' a' sorts, braw, and queer,
Each port their salesman - while they're here.
But that, I needna dwell upon,
But, I waldna like tae mak' ye greet,
Dae ye mind when up in Rodger Street,
Sometimes you niver made a stop
Till roond oor door, your heid wad pop.
Then, when ye saw that you were wrang,
Ye gied a lauch, baith lood and lang,
I think I hear my mither yet,
"Ah Jamie"-when she heard your fit,
As she stood bakin' at the table,
Or poorin' kale oot - wi' a ladle.
I see ye "Jamie" at the Kirk,
Showin' doon the passage, wi' a smirk,
I see "Will" follow ye, at whiles,
Doon tae the forefront, o' the aisles,
The Kirk in thae days packit fu',
While Mr Ray wi' his bauld pow,
Tell't the auld story a' his micht,
Which helps us yet tae dae the richt.

I mind my first nicht on the sea,
I'll mind it till the day I dee.
The exact year I canna fix,
Boat "Ruby" - twenty sixty six.
The week, jist efter the New Year,
The day wis Friday, fine and clear,
My age was ten, or maybe nine,
The wind a' doon - I mind it fine,
We drapt oor anchor, at the May
A' blow the Licht - as Buckers say,
The water there, was like a lake,
So, mony a bun, and shortbread bake,
Wi' bits o' steak, sausage, polony
(I've never since devoured sae mony)
Were handed ower by a' the crew,
That nicht, I had an awfu' spew,
I mind, I saw the nets a' shot,
Some torn nets was a' we got,
Intae Will's bed beside the mast
I crawled, - the breeze it freshened fast.
I fell asleep - and nocht did hear
Till slap - it was the middle pier,
My first nicht, Jeems, before the mast,
I whiles hae wished it was my last.
That's maybe wrang we shouldna' fret,
We a' maun dae oor ain wee bit.
This was the crew, tae my belief -
Ally and Will, and Willie Crieff,
You, and your faither, Jock yer brither,
And fegs - I canna mind the ither.

Jist ae thing mair aboot that day,
Which happened ere we left the "May",
I mind, as by the stove I sat,
Your faither, wi' his roond black hat,
His weel tanned face, auld farrint beard,
A treat on ony Christmas caird.
He sang tae me, I mind it fine,
Aboot a hat - a four and nine.
I mind the first time that I scranned,
"Two Days" and me - I thocht it graund.
Auld "Two" was then a muckle youth,
'Twas Christmas day - in the Cut Mooth,
I earned the sum o' three half pence,
A famous boat - the auld "Black Prince",
As long's my memory has the knack,
Tae mind o' yon days far, far back.
Whar the "Bluejackets" had their pitch,
Are hooses noo, for puir or rich,
Whar "Eckie" used tae dry oor fleets,
There noo are hooses, ay ! and streets.
You used tae wink tae a' the lassies,
Ah Jeems - noo mony a Dyker passes,
And that it may soond unca queer,
Wha's that, I offen hae tae speir,
But I hae wandered frae my theme,
Aboot the "Blue's" lang, lang supreme,
I, and you tae, can mind it fine,
Tam Dug ran doon along the line,
And no a man hooever swift,
But Tam could left far oot o' sicht.
Nae doot, time wi' its magic wand,
Has made thae auld days look mair grand,
Yet tho' we see them - throo' a mist,
Thae days tae us - are ever blest.

And when the Crailers cam' tae play,
The hale Toll Road was fu' that day,
Hoo little Duggie taen the lead,
Coupit lang Morris ower his heid,
Hoo you and Crieff fair had the knack,
Tae mak' wha e'er cam' near - stout back,
"Whiteheid" in Dyker fitba' story,
As famous as the great McGrory,
A heid as hard as stane, or coal,
Gar'd the ba' stout frae goal tae goal,
Big Mitchell in the goal - sic knocks,
His neeves like twa fore haulyard blocks.
Yet, ere I brak the lang syne spell,
Ae ither tale I fain wad tell,
The scene - the big pier fu' o' fish,
A bonnier sicht ye couldna' wish,
While long the pier, the boats lay load,
Waitin' tae fling ashore their cod,
While watchin' in among the crood,
We watched as only laddies could.
The strongest men flung up the fish,
Skate, cod and ling, wi' mony a swish,
The awfu' big they whiles did slip,
And hauled them up syne wi' a clip.
But, in the "Ruby" - Crieff and you,
Chucked up the cod, as big's a soo,
The biggest cod I've ever seen,
You took it Jamie, by the 'een,
And, yet the pier be e'er sae high,
Gosh Jeems, you fairly made it fly.

A Cellardyke Bluejackets player wearing typical late Nineteenth Century football outfit (Peter Smith Collection)

Thae days 'll nivver mair appear,
The grass grows noo on that same pier,
Nae doot the fishin's in its prime,
For twa three months the winter time,
But fancy at the Drave this year,
There sailed awa' frae Anster Pier,
Jist three crafts less than twenty-nine,
Whar' near twa hunder sailed long syne.
But Jeems I doot I'll hae tae halt,
My wee bit story's amaist tell't,
Wi' sea and land we're sundered far,
An' mony a Dyker's cross't the Bar,
And mony a weel kent lass or chiel,
And mony a ane we lo'ed sae weel,
Hae come, as we say, tae their end,
But Harry says - jist roond the bend.
Yet Jamie, I hae ne'er forgot,
Tae tell ye what we're a' aboot,
Then jist a word aboot the lave,
Baubie's awa, ye ken - and Dave,
And Jeems we really miss them sair,
You ken, what means the vacant chair.
But Jeems, we're no tae sit and greet,
We'll meet them in the Golden Street,
And tho' doon here we miss their faces,
Ithers grow up tae tak' their places,
God willed it so in his great plan,
Oor bit while here is - play the man.

*A busy scene hauling herring nets on board a steam drifter
(Peter Smith Collection)*

The Rothesay Fleet
(Written while fishing at Rothesay)

Oor port is Rothesay, wi' its bay,
A pictur', on a summer's day.
A glimpse o' fairyland they say,
By bricht munelicht.
Tho' noo its skies are dull and grey
Frae morn till nicht.

A' north the Tweed, we're tell't, I ween
O' watter'n' places this is Queen.
That's true enough, mair ways than ane,
I'd safely say.
Sic rain has ne'er been felt, or seen
Since Noah's day.

I've never seen her weather clerk,
But fegs, he fairly kens his wark,
He'll soak ye tae the very sark
Nor speir ye leave.
You'd nearly see a Plimsoll mark
On ilka sleeve.

I'm tell't the Big Wigs o' oor nation
Are giftin' us amalgamation.
We can get mair - wi' nae oration -
Watter for a',
Connect a pipe tae Rothesay Station
And - pump awa'.

Her folks, tho' kindly, cut few capers
They mind their ain, no' ithers maitters,
Yet never sweert to rake the gutters
To save their brither;
Nae doot there's aye some feckless creaturs
Wad sell their mither.

For different folk ha'e different views,
Ane steers a boat, anither ploos.
Ae chap wears kilts, his chum wears trews,
But - I'm digressin',
I'll hae to get on wi' my news
Aboot the fishin'.

We're tryin' oor luck noo up Loch Striven,
A droll - like place to mak' a livin',
A lovely view - as beauty's given
Hills, trees and fern;
Mair like a place for poachers thievin'
Than catchin' herrin'.

Yet, mony a caller silvery fish
Comes ower the gunnel wi' a swish,
Fit food for any lordly dish,
Or cottar's table.
Lord, gi'es a share, is a' oor wish,
As lang's we're able.

Oor fleet's a mixtie-maxtie lot,
Some pretty models, some are not,
Frae Tweed richt north past John o' Groat,
Then sooth to Erin;
A' keen to get a new pound note
For wife and bairn.

The fishin'- weel it's jist like this,
Whaur ane succeeds, there's seeven miss,
Why life's a complicated mess
I dinna ken.
We'll leave thae things then, mair or less
To Him abune.

The Crew of the Steam Drifter
'Golden Strand'
(Written before the First World War)

There was Jackie and Andy,
Charlie and Sandy,
The Skipper, the Cook, and me,
Cowie, and Jeck Dick -
Wha had an awfu' trick
O' no lettin' Cowie abe.

He's an awfu' laud Andy
Tae pinch Jackie's candy,
(His sweeties I mean) in his bed.
At the fit o' the stair
You'll get Jackie's bed there,
Andy gangs tae'd, as if he were led.

But if Jackie were wise,
He wad tak my advice,
His sweeties he'd keep itherwhere,
And when Andy comes doon
Gie'm a crack on the croon,
Jist tae mind him he's nae business there.

The crew of the Steam Drifter Nancy Hunnam. Peter Smith is sitting second from the right (Peter Smith Collection)

The crew of the Anster Fair. Peter Smith is leaning on the capstan, third from the right (Peter Smith Collection)

The Voyage o' Life
(Extracts)

Peter Smith in school, third from the right in the front row. This was not, however, 'Crieffy's Schule', attended by his father and referred to in the poem 'The Voyage o' Life' (Peter Smith Collection)

Wonderin' ae nicht what I'd say,
Tae try and cheer ye on yer way;
I pondered syne within mysel',
Stories I've heard my faither tell.
Hoo, when he gaed tae Crieffy's schule,
Wha turned out mony a Clever chiel;
Big words he wouldna' let them say,
But left them till anither day;
And tho' the thing may seem absurd,
Jist said "Toots, hip that fickly word."
But still, he was a pawky cratur,
And mony a clever navigator
Frae Crieffy's schule, along the braes,
Made Scotland famous ower the seas.

And stories tae, baith near and far,
Aboot the French and British war;
And mony a time hae I sat lang,
And heard 'im tell o' the Press Gang;
Hoo oor forefaithers were ta'en awa'
Tae fecht for King, country and a'.
Aboot the wreck, tae, at the May,
He said he was across that day;
Hoo Briton Sandy won the case,
By simply keepin' his ain place;
A thing we've muckle need tae dae,
Ay, even at the present day.
I've heard him tell, tae, o' the man,
As on horseback frae Crail he ran,
Cryin' "Rin, boys Rin! for ony sakes,
The herrin's loupin' in the Haikes."
And hoo they ran, baith man and woman,
Gled for tae think o' herrin' soomin;
Blessin' the man that ran frae Crail,
Kennin' it meant baith meat and meal.
And hoo, when he was in his teens,
He gaed tae Wick wi' auld Star Jeems;
I think they had a noble neck,
For their boatie didna hae a deck.
She wasna far ower thirty feet,
A score o' nets was a' their fleet;
Nae doot they didna gang lang seas,
And sheltered many a stormy breeze.
But then, the journey was the same
As it is at the present time;
But Losh! I think they had mair pluck,
Though followed often wi' ill luck,
Than we hae at the present date,
Wi' a'thing in a first-class state.

George Street, Cellardyke, in the early 1900's. Peter Smith was born in one of the houses on the left of this photograph in 1874 (ScottishFisheriesMuseum)

A heavy sea pounds the Cellardyke shore (Mr A. Corstorphine)

We sit and steer noo in a carriage,
As if we were gaun tae a marriage,
Oor seats a' lined wi' cushions grand,
A' that we need is a guid brass band;
Nae doot, wi' the times we a' maun gang,
You dinna, anither will, is a' the sang.
The auld, I'm sure, were better' men,
Some ways they were, at least, I ken;
But ye'll maybe say I'm speakin' blethers,
Wi' they auld stories o' my faithers;
And maybe some are thinkin' shame,
And wishin' I was only dune.
I'm here this nicht tae cheer auld folk,
Though I should mak mysel' a gouk,
And ye ken it taks, tho' I said mysel',
A clever chiel tae mak a fule;
And if I could mak some heart licht,
Then a fule I'll be for this ae nicht.
When orators or learned men,
Write speeches doon wi' ink and pen,
A subject they maun hae, nae doot,
Tae ken what they're tae speak aboot.
And though I have'na muckle knowledge,
The sea has been my only college;
Thinks I, I couldna better dae,
Than try and tak a subject tae;
So listen while I tell tae you,
That the sea's the subject I've in view.
Aye, offen, you and I hae stood
And watched it, in each varying mood;
Ae minute quiet as ony moose,
The next, like countless demons loose.
And offen, offen, hae I thocht,
Hoo quick man's labours come tae nocht;
For mony a time we'd ne'er see land,
Did God no haud's a' in His hand?

But the lesson I get frae the sea
Is this, as plain as plain can be,
That you and I should try and land,
Our vessel in the happy land.
So, if ye'll listen for a wee,
We'll get the chart oot, you and me,
And try tae see what airt it lies,
That port they speak o' yont the skies.
The Bible, that's the chart I mean,
I ca'd the rich and puir man's freen;
The book o' directions, tae, as weel,
For it tells us hoo tae turn the wheel.
I'm sure ye'll find within the pages,
O' this auld book that's stood for ages,
No' only hoo tae steer and sail,
But hoo tae weather every gale.
We dinna need tae gang ashore,
There's buoys as big's the Town Hall door
Set down wherever danger lies,
If only we jist use our eyes.

The Cellardyke 'Fifie' Morning Star at Yarmouth in 1900. James 'Star Jeems' Watson, grandson of 'Auld Star Jeems', is standing on the extreme right of the photograph. The fishing vessel in which Peter Smith's father sailed to Wick with 'Auld Star Jeems' was also called Morning Star, but was a much smaller boat than is seen here. (Peter Smith Collection)

Peter Smith's yawl 'Ivy'. It is rumoured that the boat was so called because the name was short and simple to paint on the bow! (Peter Smith Collection)

This Awfu' War
(Written during the First World War)

When first this awfu' war began,
And we were socht to play the man,
Like mony mair, I up and ran
Tae dae my bit,
But look, I didna' ken till then
I wasna' fit.

I was abune the age nae doot,
Some teeth were rotten, ithers oot;
The men were wantit, hale and stoot,
Without a flaw -
I couldna very well dispute
The Written Law.

Still, aye the cry was - Men, mair men,
Tae trawl or patrol on the main,
I tried it, ower and ower again,
But aye alas,
They met me, wi' the auld refrain,
You canna pass.

So, when oor laddies gae'd awa,
And jined the "Gallant Forty-Twa",
I prayed tae Him, wha rules ower a'
Tae look ower France,
Saying, "Faither if oor laddies fa'
Gie them a chance".

Cellardyke man William Thomson, pictured with his younger sister Lizzie at the time of the First World War (Mrs Jessie Hunter)

"Clap yer big haund ower a' their blots,
Frae Maidenkirk tae John o' Groats,
Frae the Seaforths tae the Royal Scots,
It disna' maitter,
Cam they frae palaces or cots
Or frae the gutter".

"Mind, tae, oor lads in Navy Blue,
Like ither folk, their thocht's o' You
At times may be baith scant and few
Yet guard them weel;
Their hearts are guid, and leal, and true,
Aye, true as steel".

"Watch ower them, in the summer breeze,
Watch ower them tae, when snaw sho'ers freeze,
Pilot them safe, thro' gey roch seas
As aince afore
You did it, by Lake Galillee's
Wild stormy shore".

And you, wha sit at hame at ease
Roon' fires that toast yer very taes,
Mind them wha wear the khaki claes
As weel's the blue,
Whan 'tis decreed, that wars shall cease,
Gie them their due.

The Steam Drifter Unity, owned and skippered by David Corstorphine of Cellardyke, departing from Yarmouth (Mr A. Corstorphine)

Steam Drifters berthed at the end of the East Pier in Anstruther (Peter Smith Collection)

The Fisherman
(Written during the First World War)

When Robbie Burns tuned his lyre,
He lifted ploomen life up higher,
Draggit them clean oot o' the mire
Tae' better grund,
Made peer and peasant baith come higher,
And shake a haund.

Oh for a man wi' sic a gift
Tae' clear awa' the sleet and drift,
And gi'e our fisher lads a lift
Sic like as that.
His whar' aboots' I'd try tae sift,
Syne - raise my hat.

Since sic a cheil' is hard tae' draw
I'll gie' mysel' a wee bit craw,
I dinna mean tae brag or blaw -
It wadna dae,
Jist in a simple word or twa
I'll say my say.

Tae you wha maybe dinna' ken
The best o' men - are fishermen,
When I say that I dinna' mean
Their faults are nil,
But, shud ye want ae' proper freen'
Get Him Hissel'.

In times o' peace withoo't a doot,
When wars were only read aboot,
Or if we chanced tae get a cloo't
'Twas awfu' little,
The fisher folk were fairly oo't -
No worth a spittle.

Weel dae I ken what I am writin'
Sa'e dinna' think my words are bitin'
My lips I've squeezed till they are whitin'
Wi' perfect scorn.
Tae see the sneerin' and the slightin'-
I'm - fisher born.

But noo when a' thing is at stake
The fisherman is dae'in' his whake,
I dinna' care a bawbee bake
What nae man says,
For Scotland's, ay! for Britain's sake
Their name we'll praise.

And noo' whar every ocean swells,
Frae Greenland tae the Dardanelles,
They scoor the seas tae save oorsels,
Oor weans and wives.
Ower often there's a list which tells
The price - their lives.

Weel may auld Scotland aye be prood
Tae see the way her sons hae stood,
So that her name be keepit good
Although she sad is,
And name among her hardy crood,
Her fisher laddies.

Peter Smith at Buckie

(In connection with the reopening of the Fisherman's Hall in the Banffshire town of Buckie, the following lines were written and recited by Peter)

When Willie Riach, your Chairman here,
Jist half a mile frae Yarmouth pier,
Asked me if I ma coorse wad steer
For Buckie Toon,
Said I, I doot the ways no clear
My pawky loon.

But, I had hardly said my say
When up comes Sandy Jappie tae
And says, Ye canna weel say nae
You'll jist agree,
Mak' up your mind and come oor way
And stay wi' me.

We hae a great big bonnie Ha',
It's been reclassed frae wa' tae wa'.
I'm tell't noo that it's lookin' braw
And snod and clean.
The like o't even here awa'
Wisniver seen.

Nex' month, some day, I'm very sorry
The date I doot, I'll hae tae borry,
It's opened up wi' sang and story
Jist extra graund.
We'd like, if you're no' in a hurry
Tae lend a haund.

Peter Smith with son Peter baiting the lines at the rear of their house in Cellardyke (Peter Smith Collection)

At that I gi'es my heid a claw
Says I - "I dinna brag or blaw
But, if it's possible ava
Guid faith I'll come,
Even tho' my auld freen, Santy Clau'
Shu'd miss oor lum".

"Hold on", says I, "I scarcely ken,
You see, I dinna live my lane
I ha'e anither half at hame
Tae settle wi'.
I said a half, she's twa-three stane
Better than me".

But when I reached the shores o' Fife,
Thankfu' that God had spared my life,
I tell't the story tae my wife,
And by my sang
Says she, "Sic' freens are nane ower rife,
You'll better gang".

Even tho' the hills are white wi' snaw
And wintry winds baith bite and blaw,
For Willie Riach, I'd face it a'
And Sandy Jappy,
If ony words o' mine ava'
Shu'd mak' ye happy.

But ere my wee bit rhyme I drap,
May He wha' guides oor every stap
Aye steer ye clear o' a' mishap
Wi' a' his pith.
Such is the wish noo o' this chap
Named, - Peter Smith.

'Lemonade Tammy' (centre) on board the Refuge with Peter Smith
(Peter Smith Collection)

Lemonade Tammy

or

'Tammy T'

What, ye nivver heard tell o' my freend, Tammy T.,
Then jist cock up yer lugs, chaps, an' listen tae me.
Gi'e me pencil and paper, and plenty guid time,
And I'll gie ye his sketch in a wee bit o' rhyme.

He was pally thae days wi' oor barber, Dick Harry,
Tho' in past days he sell't lemonade aff a barry.
Ae day tae a grocer he cried, on his road hame,
"Hey Geordie, can ye tells, is yer empties a' tame?"

He was an auld farrant, tough lookin', comical mannie,
And well kent in thae days as - "Lemonade Tammy."
Tae write his exploits since he took his first look,
Wad fill page after page o' a great muckle book,
I dinna mean here tae dae ocht o' the kind,
For I canna be fashed and I hinna the mind.

But his sketch as I promised I'll gi'ed as I see'd,
He's cookin' the noo, lads, along wi' Tam Reid,
He brags that he's Scotch frae his heid to his heels,
At least, so he said tae the grocer in Shields.

His crew and hissel are noo very weel met,
For losh the hale lot are a droll lookin' set,
Don't think for a minute it's lees I noo tell,
For at this time I'm ane o' his shipmates mysel'.

He nivver speaks back and he nivver gi'es cheek,
Yet seldom has far for his answer tae seek,
His sayins' at times, losh, are pretty weel mixt,
But the mair he gets muddled the droller he gets.

He telt us ae day, and this is the case,
He slippit and near fell back ower on his face.
Be the sea like a pond, and the sun shin' bricht,
As he passes he'll say, "That's an awfu' coorse nicht."
Wi' the barber in Wick he had a pow-wow,
When he argued his hair wisna' hair, but jist tow.

Yet, for cookin' itsel' he was no easy bate,
I dinna mean "tit bits," but common guid meat.
His kail, soup and dumplin', jist what I'd ca' prime,
Gie him plenty tae work wi', and plenty guid time,
Tho' he seldom got throo' till time for his bed,
He would say whiles, "Alacrities," best left unsaid.
But touch him when sleepn', and oot he would spring,
Then tell ye that sleep's a desirable thing.

For coilin' a rope, I wad say he's a star,
Tho' soakin' wi' watter, or stickin' wi' tar.
Dark daylicht or gaslight he's aye on the spot,
And seldom while shootin' gaed the rope in a knot.

For sweeties. he'd ate them tho' made ower in France,
Yet share wi' the crew, and gi'e ilk ane a chance.
He wad need twa three teelyers aye makin' him breeks,
And a laundry tae wash tae'm ilka twa weeks.

But tae tak' him a' thro' he's a good natured' lump,
What by some folk is termed "A Regular Trump."
That is my sketch o' Tammy as near's I can tell,
Wi' his virtues and failin's, jist as we hae oorsels.

The Pond

Jist draw inower your chair or stule,
And if the muses dinna fail
I'll tell ye a' a canty tale
O' oor ain folk
Which happened jist within a mile
O' Basket Rock.

Ae day, no awfu' lang, lang syne,
Some steery chiels, I kin them fine,
Tae clean a dub made up their min'
And redd it oot,
Three cables length frae "Skinfast Hyne"
Or there aboot.

A bathin' pond they thocht tae mak' it,
So wi' some mair they cuist their jacket,
Skellies and rocks and stanes they whacket
Baith big and little;
And mony a lempit's shell they cracket,
And mony a knuckle.

'Twas ca'ed the "Shaulds" by aulder chaps,
And lies fornent the "Caunle Staps",
But, jist for fear o' South East slaps
Some winter nicht,
A dyke was built tae save mishaps,
And keep it richt.

Some workmen cam frae Anster Pier,
Built up the dyke and wi' their gear
Cleaned oot a bit - losh I'll say here
They did their best,
But left it tae the volunteer
Tae dae the rest.

In its heyday, Cardinal Steps Bathing Pool was a popular attraction for both locals and visitors on sunny afternoons during the holiday season (Mrs S.A. Corstorphine)

Bathers enjoying the sunshine at Cellardyke Bathing Pool during the 1960's (Mr A. Corstorphine)

And fegs, they cam frae a' the airts,
Frae fishin' boats and ploomen's cairts.
Left joiners shops and makin' tairts
Tae brak up skellies:
Clerks, grocers, slaters did their pairts,
The hearty fellas.

The very laddies frae the skule
Gobbled their parridge and their kail,
Syne yerkit at it teeth and nail,
Wi' heirt and haund.
The lassies fain wad ta'en a spale
I understand.

It didna' need nae magic stroller,
Or weel read, educated scholar
Tae tell them that it needed sillar,
Fine did they ken.
'Twad need the great and Mighty Dollar
Ere it was dune.

Yet even then they didna' stick,
A' plans were tried - clear o' "Auld Nick",
The best o' talent they did pick
Frae near and far:
Then crooned a' wi' this magic trick
A Grand Bazaar.

Gifts cam tae it frae Jock, Tam, Jeannie,
A new tarred net, a set o' cheeny,
A Guernsey and a lassie's pinny,
Sweeties and caundy,
A soo, some hens, a concertina,
Wad a' come haundy.

At first the pond was meant for soomin'
For lads and lassies, men and women,
For sweeps or clerks, fishers or ploomen,
For laird or cottar;
As long's ye proved that ye were human
And payed yer copper.

Noo hoo it cam, I'll no say richt
If 'twas a dream or second sicht
Made them see yachts some munelicht nicht
Sail ower the dub;
The slogan rang - and rang wi' micht,
A Yachtin' Club.

Yachts, oot they cam, baith auld and new,
O' various shapes and varied hue,
Some no been seen since Waterloo,
Don't think I'm vulgar;
Some carved wi' some o' Nelson's crew
Before Trafalgar.

Frae closets, cellars, kists and garrets,
Some pretty models, some nae merits,
Like Joseph's coat, wi' nebs like parrots,
Sic a display.
They minded me o' scoots and marrits
Aboot the "May".

But losh, the thing taen on new life,
Models were made, baith braw and rife,
Some built, some carved wi' jist a knife
Wi' cunnin' haund.
Wad shamed the buildin' yairs o' Fife,
They were sae graund.

When model yacht racing at 'The Pond' became a serious business, purpose built model racing craft were introduced by some members much to the disapproval of those who preferred to race models of traditional fishing boats. The Shirley Ann, a model of a '6 Metre Class' racing yacht, was the pride of club member Sonny Corstorphine (Mr A. Corstorphine)

They sailed, jist like some living thing,
White sails like sea birds on the wing,
While frae their boos the spume did fling
Past their lee side;
I'm sure if seen their praise'll ring
Frae Cowes tae Clyde.

The Racin' Cups, no ane, but three,
Gifted by men wi' sporstman's ee,
Draw croods the races for tae see,
Frae far and near;
Sic men, I think you'll a' agree,
Deserve a cheer.

Nae mair I'll say aboot the race,
For gosh, I've neither time nor space,
But shud ye think it's no the case,
Flee, bus or hike
Tae yon auld farrant, auld world place
Named - Cellardyke.

Christmas

While sittin' jist the ither nicht
Atween the darkness and the licht,
If I shu'd use the term a'richt,
Aboot the gloamin',
My thochts and fancies took their flicht
And gae'd a roamin'.

I daunnered wi' them doon the years
And, as a cinema appears,
Saw, intermixt wi' joys and tears
Life scenes, gang creepin',
Till hark a voice soonds in my ears,
Look man, ye'er sleepin'.

I started up syne like a fule
And amaist tummelt ower the stule
As bye the bairns ran, frae the schule
Their words I then made oot quite hale
- Christmas is comin'.

Christmas, my thochts gae'd aff aince mair,
As doon I snuggled in the chair,
O'd, that's the time when rich and puir,
Shu'd nivver swither,
But haund in nieve, a' guid things share
Wi' ane anither.

The bairns themsel's are fu' o' glee
Fun sparkles noo in ivvery ee'
In twa three days they'll a' be free
Then back to tawse,
And o' the guid things shune they'll see
Frae Santa Claus.

What tho' we hae nae bells a' ringin'
Or Christmas waits their carol singin'
Nae mistletoe or holly clingin'
Aboot oor wa'
Tae see the bairnies stockin's hingin'
Fair dings them a'.

Long may auld Santa be their freen'
In whate'er clime he may be seen
Be his beard white, or be it green
It daesna' maitter,
Cam' he frae North, yont Aberdeen
Or, the Equator.

For man tae me as weel as you
This message is for iver true
Peace and Guidwill no' only noo
For this wee bit
But in the years we hae in view
We a' can get.

Yet eer my wee bit rhyme I drap
May He wha' guides oor ivery stap
Aye steer us clear o' a' mishap
And guide us richt,
I wish tae lass, man, wife or chap,
Wi' a' my micht.

Santa

A Happy Christmas, when it comes,
I wish ye a' the noo,
May Santa come doon a' yer lums,
And fill your stockin's fu'.

But see and mind when ye gan' hame,
And darn a' the holes,
I've kent him tae pit in a stane,
Cinders and bits o'coals.

He whiles draps in a tasty cake,
Flavoured wi' orange peel,
Then see and mind for ony sake
And darn your tattie heel.

Dinna hing up yon silky things,
Noo, dinna think I'm jokin,
Yon kind made oot o' bumbee's wings,
But a guid stoot worsit stockin'.

Noo dinna hing them upside doon,
Mind, I'm no speakin' blethers,
Replace the bairn's, shud you ha'e room,
Wi' a big ane o' their faither's.

And nivver mind hoo auld ye are,
Hing up your ain ane tae,
Altho' you dae't jist for a bar,
You'd wonder what he'll dae.

Mak' a' the bairns steek their een,
And cuddle close thegither,
I've heard mysel he's seen
Dress't up jist like their mither.

Mind, keep the eats until the morn,
In case ye tak' the mare,
And see him, wi' the crookit horn,
Rampagin' thro' the flair.

I hope your lums are soopit richt,
It winna be ower haundy,
If you've tae rise at twel' that nicht,
Tae get the sweep - that's Andry.

But noo, tae pit a' jokes aside,
What means this festive season,
This hearty, happy Christmastide,
Whaur can we find the reason?

Jist Jesus Hissel, wha' kindly draws
Baith you and me thegither,
Whether dresst up as Santa Claus,
Oor faither or oor mither.

Cellardyke Auld Folks Social or Tea

I've been at mony an "Auld Folks' Tea",
Tae date my first wad puzzlie me,
I see it whiles thro' memories e'e,
Jist like a gleam,
Which vanishes, then a' I see,
Seems like a dream.

But mony ha'e I seen sin' then,
Auld wives wi' mutches, bearded men,
Wha lookit, aye, as auld again,
As you dae noo;
Toilers by land, or sea, or pen,
We're a' ae oo.

And as they a' sat in their places,
'Twas graund tae see their pleasant faces,
Tho' auld, they'd shamed the Grecian Graces
Nae paint or poother.
They'd flung thae things like jocks and aces,
Oot ower their shoother.

We'll tak them first, the ladies fine,
And see hoo they dresst up lang syne,
And, if the young anes dinna mind,
We'll them compare.
Hoo years maks claes and habits dwine,
Syne - disappear.

The Auld sat there, wi' mutch or shawl,
Tae see them noo, wad lookit droll,
No paintet up like ony doll,
As we see noo.
Used neither fags nor bogie roll,
Tae gar them spue.

Yon days oor women gaithered whiles,
Tae pairt the mussels doon the Gyles,
Or when the snaw lay on the tiles,
Doon tae the Skaup;
Or gaithered limpits, traivelled miles
Tae fill a caup.

Nae hats or gloves were worn they say,
But only on the Sabbath day,
Then tartan neepyins held the sway
Ower heid or shoother.
Be their hair black, or broon, or gray,
Lass, wife or mither.

Nae kilts wore they, but guid long claes,
It was the fashion - if you please,
Then a' ye saw was jist their taes,
As they gaed by;
Nae lang bare legs on wintry days
As blue's the sky.

But see them dress't up for the Kirk,
Water and soap smoothed oot ilk lirk,
Whiles gied their heids a saucy jerk,
Which cured each wrinkle,
While mony a smile and mony a smirk,
Gard their e'e twinkle.

They mairrit in a braw silk goon,
No only long, but awfie roon,
'Twad made a yacht's sail or balloon,
I've heard them say:
They wore nae hats then, on their croon
A bannet lay.

'Dress't up for the Kirk' – The Thomson family from Cellardyke dressed in their 'Sunday best' during the early 1900's (Mrs Jessie Hunter)

Their marriage ring - Australian gold,
Dug by their lads in days o' old,
The young chaps then were jist as bold
As they are noo.
And mony a queer droll yarn they told,
Wad gar ye grue.

We meet then noo, I mean nae herm,
Frae factory, hoose, or kintry farm,
Hair bobbit, shingled, whiles a perm,
Whate'er that be.
They've left nae room noo for a germ,
Hooe'er sae wee.

As for their kilts, when a'things said,
They mind ye o' the Heelant Brigade,
As tae their dinner they parade,
Tho' whiles I greet them,
I'd rather tak the ither side
Whiles, no tae meet them.

But when I tak yon guid auld Book,
And thro' its pages hae a look,
I read o' lassies there wha took
Sic pride o' dress,
That a' God's precepts they forsook
Wi' sic excess.

They had their cauls and crispin pins,
In nose and lugs there danglit rings,
While roond their cuits an anklit hings,
Or maybe twa;
Then aifter that, the puir bit things
Jist dwined awa'.

Ower in Isaiah, chap three,
Ye'll see it there, as weel as me,
Hoo bonnie lassies gaed agee
Wi' pride o' dress,
They gaed ower far, as there you'll see,
Losh, sic a mess.

But noo tae lay a' jokes aside,
If we thro' life wad safely glide,
Let's treat God's image aye wi' pride,
But, gang wi' caution,
Satan's warst sin can easy glide
Intae a fashion.

So noo ye wives and lassies gay,
I class ye a' as wan this day,
Jist for tae let me say my say,
And no omit ye;
Should you be young, or auld and grey,
I'll no forget ye.

Then ere my rhyme on you I drap,
May He,who guides your every stap,
Aye steer ye clear o' a' mishap,
As long's yer here,
And pooer his blessin's in your lap,
Year aifter year.

But yet, ere I lay doon my pen,
I'd say a word aboot the men,
'Twad scarcely be the thing, ye ken,
Tae let them pass;
For as a rule they're whiles as vain
As ony lass.

The men yon days were jist as bad,
The hardy veteran or the lad,
Wha wore a coatie rig was mad,
They got their dues.
Oor women thocht we werena clad
Withoot oor Blues.

When laddies hame frae oor first drave,
Nae doot tae mak us look mair brave,
We thocht we'd venture wi' the lave,
Which tried oor marry,
Tae pay a penny for a shave
Frae Johnny Harry.

Johnny was aye a pawky craitur,
Fine did he ken what was the maitter
As we sled oot and in the gaitter
Afore his door.
No jist his trade but kindly naitur
Jist drew us ower.

And syne when he aince got us in,
Some auld droll story he'd begin,
Syne rub the soap a' ower oor chin
Wi' his saft haund,
While a' he found beside the skin
Was - a wan man band.

But ither trades were jist the same,
Tae name them ower I ha'ena time,
Wha ca'ed a horse, or mixt up lime,
Were kent thae days
No by the scales, or flooer or grime,
But by their claes.

A busy scene at AnstrutherHarbour during the 1930's
(ScottishFisheriesMuseum)

But see them on the Sabbath day,
Nae Pilot Cloth or Hodden Gray,
They a' dresst in the self same way,
Fisher or Cottar.
Wha' frae the Kirk chose for tae stray
Was ca'd a rotter.

I see them on yon sacred spot,
Their braw tile hat and grand frock coat,
Which cost them mony a hard earned groat,
As back we look.
Splendid they were - compare them not
Wi' Lord or Duke.

And as their characters I scan,
I see that Robbie wasna wrang,
It's no the garb that maks the man,
Its aye the heirt,
He tells us in yon bonnie sang,
Tae play the pairt.

Yet mony stories still are tauld
O yon lum hats as they grew auld,
As roond the fire when nichts were cauld
We a' did chat,
The bairns throo the flair whiles hauled
The auld lum hat.

Jist this ae story o' the hat,
We guised wi't wi' oor faces black,
Whiles made a bed in't for the cat,
And whiles a marrit.
Then keepit corks in't aifter that
Up in the garret.

Thae days again can nivver be,
Yet bring the tear draps tae oor e'e,
Reminds us, baith you and me,
That time is short,
We shune maun leave life's tribbled sea
Tae seek a port.

As an auld salt, I say avast,
Some day you'll maybe stand aghast,
While drivin' richt afore the blast;
And I'll say more,
Wi' no' an anchor for tae cast,
On yon lea shore.

Then listen while a' thing is bricht,
The Pilot waits on you this nicht,
His fee is paid and a' things richt,
Tak Him the noo,
As longs you keep Him aye in sicht
You'll nivver rue.

Glossary of 'Auld Scots Tongue' words and phrases

A

A' *all*
A' ae oo' *all the same*
Abe *alone*
Aboot *about*
Abune *above*
Ae *one*
Aff *off*
Afore *before*
Aft *often* or *at the rear*
Agee *one side*
Aifter *after*
Ain *own*
Aince *once*
Airt *geographical point*
Amaist *almost*
An' *and*
Ane *one*
Anither *another*
Anklit *anklet*
Anster *Anstruther, a fishing town in the East Neuk of Fife*
A'richt *all right*
Ate *eat*
A'thing *everything*
Atween *between*
Aught *eight*
Auld *old*
Auld Farrant *old fashioned*
Auld Nick *satan*
Aulder *older*
Ava' *at all*
Awa' *away*
Awfu', Awfie *awful, awfully*
Aye, Ay *always* or *yes*

B

Ba' *ball*
Bairns, Bairnies *children*
Baith *both*
Bake *biscuit*
Banes *bones*
Bannet *hat, bonnet*
Bar *sand formation found at the mouth of a river estuary*
Barry *barrow*
Bate *defeated*
Bauchle *clumsy person*
Bauld *bald, bold*
Bawbee *penny*
Bawbee Bake *penny biscuit*
Bidly Ba' *wimp*
Bitin' *biting*
Bittie *piece, part*
Blaw *blow*
Blest *blessed*
Blethers *gossip, nonsense*
Bobbit *hair style*
Bogie Roll *tobacco*
Bonnie *pretty*
Boos *bows, the front part of a boat*
Borry *borrow*
Brae *the slope of a hill*
Brak *break*
Braw *beautiful, nice, good-looking*
Breeks *trousers*
Bricht *bright*
Brither *brother*

Briton Sandy *Alexander Wood, skipper of the 'Briton'. At the trial of John Sutherland, skipper of the 'Johns' which sank at the Isle of May in 1837 with the loss of thirteen lives, Alexander Wood testified that his friend was 'a steady good seaman' which helped secure Sutherland's acquittal from the charge of manslaughter.*

Broo *brow*

Broon *brown*

Bucker *a fisherman from the Fife town of Buckhaven*

Buckie *a fishing town on the north-east coast of Scotland*

Bumbee *bumble bee*

But no' *but not*

C

Ca' *call*

Ca'd *called, call it*

Ca'ed *made to work*

Caird *card*

Cairts *carts*

Cam' *came*

Cankered *ill humoured, poorly treated*

Canna *cannot*

Cants *customs*

Canty *cheerful, full of life*

Cauld *cold*

Cauldriff *apathetic*

Caundy *sweets, candy*

Caunle *candle*

Caunle Staps *a rock formation which lies at the east end of Cellardyke*

Caup *wooden bowl*

Caybin *cabin*

Cellardyke *fishing village in the East Neuk of Fife and birth-place of Peter Smith*

Chap *strike*

Chap o' nine *nine o'clock chime*
Chappit *sanctioned*
Cheeny *china*
Chiel *youth, child*
Chucked *threw*
Claes *clothes*
Clap *place, put*
Claw *scratch*
Clime *climate*
Clour *bump or swelling*
Cloo't *clout, slap*
Co-op *Co-operative, a merchant's and retailer's society*
Coatie rig *heavy coat*
Codling *small inshore cod*
Cookit *cooked*
Coontin' *counting*
Coorse *coarse, rough*
Cots *cottages*
Cottar *inhabitant of a cottage*
Could'na *could not*
Coup *tip over*
Coupit *tipped over, upset*
Couthy *pleasant, sociable*
Crack *chat or a blow*
Cracket *cracked, broken*
Crackie *chatty*
Crailers *residents of the East Neuk fishing village of Crail*
Cratur, Craitur *creature*
Craw *crow or boast*
Creel *lobster pot - a device constructed from wood and netting used for catching crabs and lobsters*
Crood *crowd*
Crookit *crooked*
Croon *crown, top of the head*
Cross't *crossed*

Cryin' *shouting*
Cuist *cast*
Cuits *ankles*
Cut Mooth *Cut Mouth - the name given to the InnerHarbour entrance at Anstruther*

D

Dae *do*
Dae'in *doing*
Dae't *do it*
Danglit *dangled*
Daundered, daunnered *walked, strolled*
Dauvit *David*
Daylicht *daylight*
Deckit *decked, dressed, decorated*
Dee *die*
Denty *dainty*
Dicht *wipe*
Didna, Didnae *did not*
Dings *pleases*
Dinna *do not*
Disna *does not*
Doon *down*
Doot *doubt*
Dour *stubborn*
Draggit *dragged*
Drap *drop*
Drappin' *dropping*
Drappit, Drapt *dropped, stopped, given up*
Drave*name given to the summer herring fishing season*
Dreich *miserable*
Dress't *dressed*
Droll *funny, amusing*
Drooned *drowned*
Dub *puddle*

Dune *done, finished*
Dunt *knock, a blow*
Dwine *wane, decline*
Dyke *wall*
Dykers *residents of the East Neuk fishing village of Cellardyke*

E

East Neuk *the far-eastern corner of Fife which contains the fishing villages of Cellardyke, Anstruther, Crail, Pittenweem and St Monans*
Ee *eye*
Een *eyes*
E'er *ever*
Efter *after*
Ere *before*
Erin *Ireland*

F

Fa' *fall*
Fags *cigarettes*
Fain *gladly*
Fair *fairly*
Faither *father*
Farrant, farrint *fashioned*
Fashed *troubled*
Faur *far*
Faut *fault*
Fecht *fight*
Feck *the greater part*
Feckless *feeble, lacking vitality*
Fegs *goodness! really!*

Fifie *a type of sailing fishing boat which which was popular on the east coast of Scotland during the latter part of the Ninteenth Century and the early Twentieth Century. The Fifie had both a vertical stem and stern and it is said that the first Fifie was designed and built in a field at the east end of Cellardyke*

Fit *foot*

Fitba' *football*

Flair *floor*

Fleet *the total number of nets or creels 'shot' by a boat*

Flicht *flight*

Fling *throw*

Flooer *flower or flour*

Flung *threw, thrown*

Foreca' *forecast*

Forefaithers *forefathers*

Fornent *against*

Frae *from*

Freen, freend *friend*

Fu' *full*

Fule *fool*

Fund *found*

Fyke *trouble, fuss*

-

G

Gab *dialect, language*

Gaed *went, got*

Gaither *gather*

Gaitter *gutter*

Gallivant *run around idly*

Gan, Gang *go*

Gannet *species of sea bird*

Gar *make, cause to happen*

Garb *style of dress*

Gard *made, caused*
Garret *attic*
Gaun *going*
Gawky *clumsy*
Gey *considerably*
Gie *give*
Gied *gave, given*
Gie'm *give him*
Gled *glad*
Goon *gown*
Gotten *had*
Gouk *fool*
Graund *grand*
Grauvit *scarf*
Greet *weep*
Groat *crushed grain or oats*
Grue *shudder*
Grund *ground*
Guernsey *woollen fishermans jumper*
Guid *good*
Guidwill *good will*
Guised *paraded, made a show*
Gunnel *rail running around the deck of a ship*
Gyles *an area of seashore in Cellardyke*

H

Ha' *hall*
Hae *have*
Haen *had*
Ha'ena *have not*
Haikes *a fishing ground near FifeNess*
Hale *whole*
Hame *home*

Hand line *a hand held fishing line used on a small boat or 'yawl' for catching inshore fish such as codling (small cod)*

Hanker *strong desire*

Haud *hold*

Haund *hand*

Haundy *handy*

Haulyard *halyard, rope*

Have'na *have not*

Heelant, Heilan *highland*

Heid *head*

Heirt *heart*

Herm *harm*

Herrin' *herring*

Hing *hang*

Hingin', Hangin' *hanging*

Hings *hangs*

Hinna *haven't*

Hissel' *himself*

Hiv *have*

Hodden Gray *grey coloured material used to make clothing*

Hoo *how*

Hooever, Hooe'er *however*

Hoose, Hoosie *house*

Hotch *jerk, hitch*

Hotch Potch *mutton broth, but in the poem 'Tae Jeems', 'Hotch Potch News' simply means the latest gossip*

Hunder' *hundred*

I

Ilk *each*

Ilka *every*

Inspeck *inspect*

In't *in it*

Intae *into*

Intermixt *intermixed*
Ither *other*
Itherwhere *elsewhere*
Itsel' *itself*
Iver *ever*
Ivvery, Ivery *every*

J

Jaloose *deduce*
Jined *joined*
Jist *just*

K

Kail, Kale *vegetable soup*
Keepit *kept*
Ken, Kin *know*
Kennin' *knowing*
Kent *knew, known*
Kilrenny *small village near Cellardyke*
Kimmer *gossip*
Kintry *country*
Kirk *church*
Kist *chest*

L

Labster *lobster*
Lachie *laughy, cheerful*
Laddies *boys or young men*
Lane *lone, alone, solitary*
Lang *long*
Lang syne *long ago*

Lass *girl or girlfriend*
Lassies *girls*
Lauch *laugh*
Laud *lad*
Lave *rest, remainder*
Lead *a lead weight tied to the end of a hand line*
Leal *loyal*
Lee *lie*
Leefu' *lonely*
Lees *lies*
Limpit *Limpet, a small shellfish which clings to rocks using a powerful sucker*
Licht *light*
Limmer *rogue, hussy*
Limminade *lemonade*
Lirk *crease*
Load *full*
Lo'ed *loved*
Lood *loud*
Lookit *looked*
Loon *a name used in the north-east of Scotland to describe a young man or boy*
Losh *gosh*
Loupin' *jumping*
Loups *jumps*
Lug *ear*
Lum *chimney*
Lum Hat *tall hat, chimney hat*

M

Ma *my*
Main *purpose*
Mair *more*

Mairrit *married*

Maister *master*

Maitter *matter*

Mak' *make*

Mare *nightmare*

Marrit *razorbill*

Marry *likeness*

Maun *must*

Maw *herring gull*

May, the *the Isle of May, which lies at the mouth of the Firth of Forth about five miles from Cellardyke*

Micht *might*

Min', Mind *remember*

Minded *remembered, reminded*

Mire *bog, marsh*

Mither *mother*

Mixt *mixed*

Mixter-Maxter *varied mixture*

Mony *many*

Moo *mouth*

Moose *mouse*

Mooth *mouth*

Morn *morning, tomorrow*

M.P. *Member of Parliament*

Muckle *very large*

Munelicht *moonlight*

Munelicht Nicht *moonlit night*

Muses *poet's inspiration*

Mutch *woman's headdress*

My lane *alone*

Mysel' *myself*

N

Nae *no*
Naitur *nature*
Nane *none*
Nebs *beaks, bills*
Needna *needn't*
Neepyin *large pocket handkerchief or napkin*
Ne'er *never*
Neeves *fists*
Neibors *neighbours, friends*
Nicht *night*
Nieve *fist*
Nivver, Niver *never*
No' *not*
Nocht *nothing*
Noo *now*

O

O' *of*
Ocht *anything*
Offen *often*
Ony *any*
Oor *our*
Oorsels *ourselves*
Oot *out*
Opprest *oppressed*
O't, O'd *of it*
Ower *over*

P

Packit *packed*

Pailace *palace*

Paintet *painted*

Pairt *part*

Pally *friendly*

Parridge *porridge*

Partan *a type of edible crab*

Pawky *shrewd, humerous*

Pictur' *picture*

Pilot Cloth *material from which clothing is made*

Pinch *steal*

Pinny *apron*

Pit *put*

Plimsoll Mark *a mark painted on the side of a boat near to the water line which gives an indication of how low the vessel is lying in the water*

Ploomen *plough men*

Ploos *ploughs*

Pooer *power*

Poorin' *pouring*

Poother *powder*

Pow *head*

Pow-wow *discussion*

Prood *proud*

Puir *poor*

R

Rale *real*
Redd *cleaned*
Redd it oot *cleaned it out*
Redress't *redressed*
Richt *right*
Rife *numerous*
Rin *run*
Ring *ring net fishing*
Roastit *roasted*
Roch *rough*
Roond, roon' *round, around*

S

Sabbath *Sunday*
Sae *so*
Saft *soft*
Sair *sore*
Sale Ring *fish market*
Sanctly *saintly*
Sancts *saints*
Sang *song*
Santy Clau' *Santa Claus, Father Christmas*
Sark *vest or shirt*
Scant, scanty *small*
Scaured *scarred*
Schule *school*
Scoor *scour*
Scoory *blustery*
Scoot *guillemot*
Scranned *scrounged* or *feasted*
Screenger *scrounger or small net used for inshore fishing*

See'd *see it*
Seen't *seen it*
Seeven *seven*
Sell't *sold*
Shate *shoot, cast*
Shields *fishing town on the north-east coast of England*
Shingled *a woman's close cropped haircut*
Sho'ers *showers*
Shoother *shoulder*
Shot *the past tense of shoot; the action of putting the nets into the
   sea. Shot may also mean the catch, for example 'a shot of 20 crans'*
Shu'd *should*
Shuldna', Shouldna' *shouldn't*
Shune *soon*
Sic *such*
Sicht *sight*
Sillar *silver, money*
Sin' *since*
Skart *cormorant*
Skaup *mussel scalp*
Skellies *rock formations*
Skilfu' *skilful*
Skinfast Hyne *Skinfast Haven, the old name for
   CellardykeHarbour*
Skule *school*
Sled *slid*
Sleekit *sleek, sly*
Sleepn' *sleeping*
Slightin' *slighting, belittling*
Slippit *slipped*
Snaw *snow*
Snod *smart*
Socht *sought*

Soo *sow*

Soomin *swimming*

Soond *sound*

Soopit *swept*

Sooth *south*

Sot *fool*

Spale *spent*

Speir *ask, enquire*

Spent *after herring had spawned they were said to be 'spent' and fetched a poor price at the market*

Spew *vomit*

Spill *spoil*

Sprauchle *flail*

Sprewl *a fishing lure made from a strip of shiny lead to which unbaited hooks are attached*

Spue *billow, surge*

Spume *spray*

Spune *spoon*

Stampit *stamped, ingrained*

Stane *stone*

Stap *step*

Star Jeems *James Watson, a well known Cellardyke fisherman of the early to mid 1800's. As there were many James Watsons in Cellardyke, they were more commomly known by the name of their boat. Auld StarJeems' boat was the 'Morning Star'.*

Staund *stand*

Steam Drifters *steam powered fishing vessels, usually about 86 feet in length and carrying a crew of eight or nine*

Steek *to close*

Steerie, Steery *astir, full of commotion*

Stoot *Stout*

Stout *stagger, bounce*

Stowed *stored*

Straucht *straight*
Stule *stool*
Sundered *divided, separated*
Sweert *reluctant, unwilling*
Syne *afterwards, ago, then*

T

Tae *to, too*
Tae'd *to it*
Tae'm *to him*
Ta'en *taken*
Taes *toes*
Tairts *tarts*
Tak' *take*
Tame *empty*
Tap *top*
Tapalsteerie *busy, in a real commotion*
Tattie *tattered*
Tauld *told*
Tawse *a leather strap which was used to punish unruly scholars*
Teelyer *tailor*
Telt, Tell't *told*
Teugh *tough*
Thae *those*
The Hirst *an area between the MayIsland and Crail where herring congregated to spawn*
The May *the Isle of May, which lies five miles off the east coast of Fife*
The noo *just now*
The very dab *ideal, just perfect*
Thegither *together*

Tho' *though*
Thocht *thought*
Thraw *oppose, contradict*
Thro', Throo' *through*
Timmers *timbers*
Toon *town*
Tow *hemp*
Towslin' *howling*
Traivelled *travelled*
Trauchle *toil*
Trews *trousers*
Tribbled *troubled*
Tummelt *tumbled*
Twa *two*
'Twad *it would*
'Twas *it was*

U

Unca *very strange, uncanny*
Unchancy *dangerous, risky*
Unfauld *unfold*

W

Wa' *wall*
Wad *would*
Wae *woe*
Wae's me *woe is me*
Waldna, Wadna *wouldn't*
Wan *one*
Wantit *wanted*

Wark *work*
Warkshop *workshop*
Warst *worst*
Wasna, Wasnae *wasn't*
Watter *water*
Watter'n *watering*
Wattle *twigs, strips of reed or small branches of wood*
Wauchle *shamble*
Weans *little ones, small children*
Wee *small*
Weel *well*
Werena *were not*
Wha *who*
Whacket *whacked, struck*
Whake *duty*
Whan *when*
Whar, Whaur *where*
Wharever *wherever*
Whate'er *whatever*
Whiles *sometimes*
Whiley *while*
Wi' *with*
Wi'm *with him*
Winna *will not*
Wis *was*
Wi't *with it*
Withoo't *without*
Worsit *wool*
Wot *to inform*
Wouldna *would not*
Wrang *wrong*
Wud *wood*

Y

Yairs *yards*

Yawl *a small fishing boat. The term was normally used to describe vessels under 35 feet in length*

Ye *you*

Yer *your, you're*

Yerkit *jerked, worked*

Yon *that, those*

Yont *beyond*

Peter Smith and son Peter with their fleet of creels on the East Pier at Anstruther
(Peter Smith Collection)

Acknowledgements

In 1998 I was approached by Peter Smith, Poetry Peter's son, who asked if I could assist with the publication of his book *Steam and the East Fife Fishing Fleet*. I was only too pleased to be of assistance and, during our time spent working together on his publication, I casually remarked that I was surprised his father's poetry had not been published in the form of a book for a number of years.

Peter replied that if I was willing to put the necessary time and effort into such a publication then he would willingly sign over the rights to his father's work.

I would like to thank Peter for having given me this opportunity, which will ensure that the poetry of Peter Smith, the fisherman poet of Cellardyke, is preserved for the sake of future generations. I would also like to thank Peter for allowing me to use his family photographs as well as other photographs from his collection relating to the fishing industry.
As well as the photographs from Peter Smith's collection, I am indebted to Mr and Mrs A. Corstorphine from Cellardyke; Mrs Jessie Hunter from Leven and the ScottishFisheriesMuseum, Anstruther, for kind permission to use photographs from their collections.

An undated view of Cellardyke Harbour
(Peter Smith Collection)

Sources, Bibliography and Suggested Further Reading

Smith, Peter: *The Herrin' and Other Poems* (C.S. Russell, Anstruther, 1951)

Smith, Peter: *Fisher Folk* (C.S. Russell, Anstruther, 1953)

Murray, Mary: *In My Ain Words - an East Neuk Vocabulary* (Scottish Fisheries Museum, Anstruther, 1982)

Smith, Peter (Jnr): *The Lammas Drave and the Winter Herrin'* (John Donald, Edinburgh, 1985)

Watson, Harry D.: *Kilrenny and Cellardyke* (John Donald, Edinburgh, 1986)

Smith, Peter (Jnr): *The History of Steam and the East Fife Fishing Fleet* (James Corstorphine, Leven, 1998)

Watson, Harry D.: *'Poetry Peter' Smith: The Fisherman-Poet of Cellardyke* (from *Review of Scottish Culture (Issue 11)*, Tuckwell Press, 1998)

*If you enjoyed this book,
you may be interested in the following
publications from Wast-By Books:*

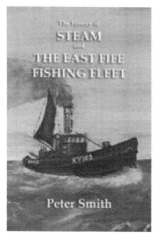

The History of Steam and the East Fife Fishing Fleet
(Peter Smith, 1998) ISBN: 9798767970773

**Dyker Lad: Recollections of life in an East Neuk of Fife fishing
village, before, during and after the Second World War**
(Alexander 'Sonny' Corstorphine, 2018) ISBN: 9781981019137

Other Publications available from Wast-By Books:

East of Thornton Junction: The Story of the FifeCoast Line
(James K. Corstorphine, 1995)
ISBN: 9781976909283

Wrecked on Fife's Rocky Shores: Dramatic Nineteenth-Century Tales of Shipwreck from around the coast of Fife
(James K. Corstorphine, 2021)
ISBN: 9798759568513

On That Windswept Plain: The First One Hundred years of East Fife Football Club
(James K. Corstorphine, 2003)
ISBN: 9781976888618

Our Boys and the Wise Men: The Origins of Dundee Football Club
(James K. Corstorphine, 2020)
ISBN: 9798643521549

The Earliest Fife Football Clubs: Fife Football in the Late Nineteenth Century
(James K. Corstorphine, 2018)
ISBN: 9781980249580

Black and Gold and Blue: the East Fife men who pulled on the Scotland Jersey
(James K. Corstorphine, 2022)
ISBN: 9798817263855

The Saturday Sixpence: A Collection of Short Stories set in a fictional Scottish seaside town during the 1960's
(James Kingscott, 2020)
ISBN: 9798556376090

All of the above titles are available in both Paperback and Kindle eBook formats from: amazon.co.uk

Just one more thing before you go . . .

Your opinion would be very much appreciated!

I would be most grateful if you could find a few minutes to rate this book on Amazon.

I will take the time to read any comments made, and any suggestions as to how I can improve the publication will be taken on board.

Thank you!

James K. Corstorphine

Printed in Great Britain
by Amazon

33503198R00065